AF277601

TOD WIRD LEBEN

STIMMEN DER MEISTER

»Doch rufen von drüben
Die Stimmen der Geister,
Die Stimmen der Meister:
Versäumt nicht zu üben
Die Kräfte des Guten«

Goethe

Tod wird Leben

AUSGEWÄHLT
VON FRIEDA MARGARETE REUSCHLE

J. Ch. Mellinger Verlag

12. Auflage 2022
© 1960 J. Ch. Mellinger Verlag GmbH, Stuttgart
Umschlagabbildung: Johanna Schneider
Alle Rechte vorbehalten
Druck: Alfred Nordmann
ISBN 978-3-88069-074-5
www.mellingerverlag.de

Des Todes rührendes Bild steht,
Nicht als Schrecken dem Weisen und nicht
als Ende dem Frommen.
Jenen drängt es ins Leben zurück und lehret
ihn handeln;
Diesem stärkt es zu künftigem Heil im Trübsal
die Hoffnung;
Beiden wird zum Leben der Tod.

Goethe

Nach dem Tode geht die Seele, die sich aus
dem Leibe zurückzieht, wenn sie heilig ge-
lebt hat, zu einem Wesen hin, das ihr ähnlich
ist, zu einem göttlichen Wesen, das unsterblich und voll Weisheit ist, bei welchem sie sich
eines wunderbaren Glückes erfreut, befreit
von ihren Irrtümern und ihrer Unwissenheit
und von jeder Tyrannei der Furcht wie der
Liebe, sowie von allen anderen mit der
menschlichen Natur verknüpften Übeln. Sie
bringt in Wahrheit mit den Göttern die ganze
Ewigkeit zu.

Platon

In zwei Scharen sind aber gesondert die Seelen der Toten:
Eine, die unstet irret umher auf der Erde,
die andre,
Welche den Reigen beginnt mit den leuchtenden Himmelsgestirnen;
Diesem Heere bin ich gesellt, denn der Gott war mein Führer.

Samothrakische Inschrift

Wenn einer 75 Jahre alt ist, kann es nicht fehlen, daß er mitunter an den Tod denke. Mich läßt dieser Gedanke in völliger Ruhe, denn ich habe die feste Überzeugung, daß unser Geist ein Wesen ist ganz unzerstörbarer Natur; es ist ein fortwirkendes von Ewigkeit zu Ewigkeit. Es ist der Sonne ähnlich, die bloß unsern irdischen Augen unterzugehen scheint, die aber eigentlich nie untergeht, sondern unaufhörlich fortleuchtet.

Goethe

Da der Tod (genau zu nehmen) der wahre Endzweck unseres Lebens ist, so habe ich mich seit ein paar Jahren mit diesem wahren, besten Freunde des Menschen so bekannt gemacht, daß sein Bild nicht alleine nichts Schreckendes mehr für mich hat, sondern recht viel Beruhigendes und Tröstendes. Und ich danke meinem Gott, daß er mir das Glück gegönnt hat, mir die Gelegenheit zu verschaffen, ihn als den Schlüssel zu unserer wahren Glückseligkeit kennen zu lernen. Ich lege mich nie zu Bette, ohne zu bedenken, daß ich vielleicht, so jung als ich bin, den andern Tag nicht mehr sein werde, ...und für diese Glückseligkeit danke ich alle Tage meinem Schöpfer und wünsche sie vom Herzen jedem meiner Mitmenschen.

Mozart

Die Gewißheit, daß der durch den Tod hindurch gegangen ist, der zuerst die Verbindung zwischen der Natur und dem Geisterreiche wiederhergestellt hat, wandelt den Tod für uns in einen Triumph, dem wir entgegengehen wie der Krieger dem gewissen Sieg. Wir dürfen uns unsres Trostes als Menschen freuen, denn gewiß, die Bestimmungen, die uns erwarten, sind unglaublich hoch und ich wenigstens, der ich weit entfernt bin von aller sentimentalen Sehnsucht nach dem Tod und fest entschlossen zu leben und zu wirken, solang es mir vergönnt ist, muß mir doch den Augenblick des Sterbens als den wonnevollsten unseres ganzen Lebens denken.

Schelling

Im Augenblick des Todes, wo eine ewige
Nacht das Auge seines Körpers überzieht,
wird es zu tagen beginnen in seinem Geiste.
Da wird der Mittelpunkt des inneren Menschen zu einer Sonne entbrennen, welche
alles Geistige in ihm durchleuchten und zugleich als inneres Auge durchschauen wird
mit überirdischer Klarheit.

G. Th. Fechner

Im heiligsten der Stürme falle
Zusammen meine Kerkerwand,
und herrlicher und freier walle
Mein Geist ins unbekannte Land!

Hölderlin

Sollte es nicht auch drüben einen Tod geben, dessen Resultat irdische Geburt wäre?

Wenn ein Geist stirbt, wird er Mensch.
Wenn der Mensch stirbt, wird er Geist.

Novalis

Alles verwandelt sich, nichts stirbt. In schöner Verwandlung wird die Hoffnung Genuß und das Verlorne Gewinn.

Nehmet die äußere Hülle weg, und es ist kein Tod in der Schöpfung; jede Zerstörung ist Übergang zu höherm Leben.

Herder

Aller Tod in der Natur ist Geburt, und gerade im Sterben erscheint sichtbar die Erhöhung des Lebens. Es ist kein tötendes Prinzip in der Natur, denn die Natur ist durchaus lauter Leben; nicht der Tod tötet, sondern das lebendigere Leben, welches, hinter dem alten verborgen, beginnt und sich entwickelt. Tod und Geburt ist bloß das Ringen des Lebens mit sich selbst, um sich stets verklärter und ihm selbst ähnlicher darzustellen.

Fichte

Indes wir hinieden um ihn trauern, ist drüben Freude, daß der Mensch zu ihrer Welt geboren wurde, so wie wir Erdenbürger die Unsrigen mit Freude empfangen. Wenn ich einst ihnen folgen werde, wird für mich nur Freude sein, denn die Trauer bleibt in der Sphäre zurück, die ich verlasse.

Fichte

Was weinest du neben dem Grabe
Und hebst die Hände zur Wolke des Todes
Und der Verwesung empor?

Wie Gras auf dem Felde sind Menschen
Dahin, wie Blätter! Nur wenige Tage
Gehn wir verkleidet einher!

Der Adler besuchet die Erde,
Doch säumt nicht, schüttelt vom Flügel den
Staub
und kehret zur Sonne zurück.

Matthias Claudius

Ich werde überhaupt nicht für mich sterben,
sondern nur für andere, für die Zurückbleibenden, aus deren Verbindung ich gerissen
werde; für mich selber ist die Todesstunde
Stunde der Geburt zu einem höheren, neu-
en, herrlichen Leben.

Fichte

Es ist uns nicht erlaubt, uns fortzustehlen,
mag uns ein Gott, mag uns ein Teufel quälen.

Albrecht Haushofer

Der Selbstmord ist immer ein erschütterndes
Mißverständnis. Man kann sein »Selbst«
nicht umbringen. Man kann nur seinen Leib
morden.

Friedrich Rittelmeyer

Jede Art Flucht vor dem Leben – vor allem
auch der Selbstmord – macht die Seele in
den höheren Welten unfähig, sich die Weis-
heiten und Lebenskräfte anzueignen, die
sich ihr drüben gnadevoll darbieten wollen.

Rudolf Meyer

Wenn der Mensch durch die Pforte des Todes gegangen ist und zurückblickt auf den Tod, so ist der Tod das schönste Erlebnis, das überhaupt im menschlichen Kosmos möglich ist. Denn dieses Zurückblicken auf das Hineingehen in die geistige Welt durch den Tod ist zwischen Tod und neuer Geburt das allerwunderbarste, das schönste, großartigste, herrlichste Ereignis, auf das der Tote überhaupt zurückschauen kann.

Rudolf Steiner

Der Jüngling bist du, der seit langer Zeit
Auf unsern Gräbern steht in tiefem Sinnen,
Ein tröstlich Zeichen in der Dunkelheit,
Der höhern Menschheit freudiges Beginnen;
Was uns gesenkt in tiefe Traurigkeit,
Zieht uns mit süßer Sehnsucht nun von hinnen.
Im Tode ward das ewige Leben kund,
Du bist der Tod und machst uns erst gesund.

Novalis

Der Körper wird wie ein Kleid zerreißen,
aber ich, das wohlbekannte Ich, ich bin.

Goethe

Eines denke ich besonders oft, daß der Lebendige, der in uns und um uns ist, von Anbe-
ginn in alle Ewigkeiten mächtiger als aller Tod
ist, und das Gefühl dieser Unsterblichkeit erfreut mich oft in meinem Namen und im Namen aller, die da leben und die gestorben
sind vor unseren Augen. Und so ists mein ge-
wisser Glaube, daß am Ende alles gut ist und
alle Trauer nur der Weg zu wahrer, heiliger
Freude ist.

Hölderlin

Der Mensch soll an Unsterblichkeit glauben, er hat dazu ein Recht, es ist seiner Natur gemäß, und er darf auf religiöse Zusage bauen.

Den Beweis für Unsterblichkeit muß ein jeder in sich selber tragen, außerdem kann er nicht gegeben werden.

Goethe

Bleibt uns nur das Ewige jeden Augenblick gegenwärtig, so leiden wir nicht an der Vergänglichkeit der Zeit.

Ich mag kaum glauben, daß etwas gewesen sei, was nicht noch da ist.

Goethe

Jeder fühlt, daß etwas anderes ist als ein von einem anderen einst belebtes Nichts. Daraus entsteht ihm die Zuversicht, daß der Tod wohl seinem Leben, jedoch nicht seinem Dasein ein Ende machen kann.

Schopenhauer

Fühl einen Augenblick nur wahrhaft, daß du bist,
So fühlst du auch, daß, was dies fühlet, ewig ist.
Und fehlt der Mittelpunkt in deiner Seele Kreisen,
So kann kein Denker dir Unsterblichkeit beweisen.

Rückert

Und darum, weil ich frei im höchsten Sinne, weil ich anfanglos mich fühle, darum glaub' ich, daß ich endlos, daß ich unzerstörbar bin.

Hölderlin

Ich kann nie aufhören zu wirken und mithin nie aufhören zu sein. Das, was man Tod nennt, kann mein Werk nicht abbrechen, denn mein Werk soll vollendet werden, mithin ist meinem Dasein keine Zeit bestimmt – und ich bin ewig.

Fichte

Wie schön, wie einzig tröstlich zu wissen, daß der Geist nicht sterben kann, unter keinen Qualen, durch keine Verleugnungen, in keinen Wüsten. Dies zu wissen macht das Fortgehen leicht.

Franz Marc

Wir sind nicht auf gleiche Weise unsterblich, und um sich künftig als große Entelechie zu manifestieren, muß man auch eine sein.

Goethe

Wer sich der Lust hingibt, der wird auch nur sterbliche Gedanken haben. Wer aber aus Liebe zur Wahrheit bestrebt ist, Unsterbliches und Göttliches zu denken, der wird zur Unsterblichkeit gelangen, und er wird die höchste Glückseligkeit erreichen, weil er das Göttliche in sich gepflegt und in seiner Seele getragen hat.

Platon

So glaub' ich – und bei mir ist Glaube Überzeugungsinstinkt – daß der freie Geist die Unsterblichkeitsstraße ist, und daß, wer sich zu diesem nicht durcharbeitet, Verzicht leistet aufs Fortleben.

Bettina Brentano

Was wollen wir aber um ein Jenseits streiten oder um Unsterblichkeit, wenn wir die Eigenschaften nicht haben, die der Unsterblichkeit wert sind! Unsterblichkeit ist fortwährendes Erzeugen unsterblicher Handlungen, sie gehen aus Gott hervor und gehen wieder über in Gott.

Bettina Brentano

Unsterblich ist am Menschenwerke, was aus dem Herzen heraus, voll Liebe, für die Menschheit gedacht, empfunden und vollbracht wird.

Rudolf Steiner

Von uns selbst hängt unsere Unsterblichkeit ab: nicht von der sinnlichen Liebe, die wir erregten, nicht von der Bewunderung, die etwaigen Leistungen gespendet wird, sondern von dem inneren Leben, das unser Hauch anfacht, von dem erwärmenden Feuer, das von uns ausstrahlt.

Ricarda Huch

Wie nun der Mensch erst im Tode das volle Bewußtsein dessen erhält, was er in andern geistig gezeugt, wird er auch im Tode erst zum vollen Bewußtsein und Gebrauch dessen gelangen, was er in sich selbst getrieben. Was er während seines Lebens gesammelt an geistigen Schätzen, was sein Gedächtnis erfüllt, was sein Gefühl durchdringt, was sein Verstand und seine Phantasie geschaffen, bleibt ewig sein!

G. Th. Fechner

Wir sind in dem Maße unsterblich, in welchem Maße wir in uns die Selbstheit ersterben lassen.

Rudolf Steiner

Gleichwie ein Mann die altgewordenen Kleider
Ablegt und andre, neue Kleider anlegt,
So auch ablegend seine alten Leiber
Geht ein der Geist in immer andre, neue.
Es schneiden ihn die Waffen nicht, es brennet ihn das Feuer nicht.
Es nässet ihn das Wasser nicht, es dörret ihn auch nicht der Wind.
Zu schneiden nicht, zu brennen nicht,
zu nässen nicht, zu dörren nicht,
Er ist beständig, überall, fest, ewig,
unerschütterlich.

Bhagavadgita

Des Menschen Seele
Gleicht dem Wasser:
Vom Himmel kommt es,
Zum Himmel steigt es,
Und wieder nieder
Zur Erde muß es,
Ewig wechselnd.

Goethe

Wie gut ist's, daß der Mensch sterbe, um nur die Eindrücke auszulöschen und gebadet wiederzukommen.

Goethe

Warum könnte jeder einzelne Mensch nicht mehr als einmal auf dieser Welt gewesen sein? Ist diese Hypothese darum so lächerlich, weil sie die älteste ist? weil der menschliche Verstand, ehe ihn die Sophisterei der

Schule zerstreut und geschwächt hatte, so-
gleich darauf verfiel?

Warum sollte ich nicht so oft wiederkommen,
als ich neue Kenntnisse, neue Fertigkeiten zu
erlangen geschickt bin? bringe ich auf einmal
so viel weg, daß es der Mühe wiederzukommen etwa nicht lohnet?

Darum nicht? – Oder weil ich es vergesse,
daß ich schon dagewesen? Wohl mir, daß
ich es vergesse. Die Erinnerung meiner vori-
gen Zustände würde mir nur einen schlech-
ten Gebrauch des gegenwärtigen zu machen
erlauben. Und was ich auf jetzt vergessen
muß, habe ich denn das auf ewig vergessen? Oder, weil so zuviel Zeit für mich verloren gehen würde? Verloren? Und was habe
ich denn zu versäumen? Ist nicht die ganze
Ewigkeit mein?

Lessing

Welches schönere und welches bedeutendere Ergebnis kann der menschliche Geist, in die Tiefe seines eignen Wesens schauend, sich erringen, als daß ihm hell und unwiderlegbar aufgehe die Gewißheit der Ewigkeit und Göttlichkeit seines innersten Seins, und daß ihm, innerhalb dieses zeitlichen Zum-Bewußtsein-Gelangens, vollkommen klar werde die Möglichkeit einer unendlichen Entwicklung durch immer neues Auftauchen eines eigentümlichen Bewußtseins aus dem immer wieder im Allgemeinen sich versenkenden Unbewußtsein!

Gewiß! bei dieser Überzeugung ist es dem Menschen in reichstem Maße gegönnt, stets in Hoffnung auf die Gnade des Höchsten ebenso auf die Zukunft eines Lebens hinzuleben, wie wir abends dahinleben auf die Zukunft eines folgenden Tages. Dasselbe Urbild wird immer neue Abbilder, und zwar als Physis und Psyche zugleich, bedingen, und ist die Idee gereifter, so wird es auch

den Abbildern an größerer Vollendung nicht
fehlen.

C. G. Carus

Denn die Strahlenden
Gehen früh zum Gotte zurück,
In der Tiefe zu rüsten
Ihre lebendige Wiederkehr.

Max Reuschle

Fürchte dich nicht,
ermutigt der Engel,
ziehe mir nach,
laß dich durchleuchten,
kehre lichter zur Erde zurück,
stirb
und werde wieder geboren,
bis das Vergehen
in Liebe verwandelt ist.

Albert Steffen

Sei getrost, der Christus ist gestorben
Auch für dich! deine Seele ist geborgen
Und der Geistes-Morgen offenbaret sich.
Blicke auf! Das Tor des Todes
Ist geöffnet.
Schreite mutvoll in den Sonnenraum.

Karl König

Ein heilig Bad
Bist du, o Schlummer,
Würziger Kraft voll.
Mut und Erneuung
Atmet die Psyche,
Wenn deine Woge
Sanft die bewußtlos
Schwimmende trägt

Von Leben zu Leben,
Von Strand zu Strand.
So ist der Tod
Auch ein Bad nur.
Aber drüben,
Am andern Ufer,
Liegt uns bereitet
Ein neu Gewand.

Geibel

Erst baut Natur den Leib, ein Haus
mit Sinnentoren,
Worin ein fremdes Kind, der Geist, dann wird
geboren.
Er findet Hausgerät und braucht es nach
Gefallen.
Und wenn er dann das Haus verläßt, wird es
zerfallen.
Doch die Baumeisterin baut immer Neues
 wieder
Und lockt den Himmelsgast zur irdischen
Einkehr wieder.

Rückert

Tausend Male werd ich schlafen gehen,
Wandrer ich, so müd und lebenssatt,
Tausend Male werd ich auferstehen,
Ich Verklärter, in der sel'gen Stadt.
Tausend Male werde ich noch trinken,
Wandrer ich, aus des Vergessens Strom,
Tausend Male werd ich niedersinken,
Ich Verklärter in dem sel'gen Dom.
Tausend Male werd ich von der Erden
Abschied nehmen durch das finstre Tor,
Tausend Male werd ich selig werden,
Ich Verklärter, in dem sel'gen Chor.

Christian Wagner

Der kleinste Erdenmensch,
Ein Sohn der Ewigkeit,
Besiegt in immer neuen Leben
Den alten Tod.

Rudolf Steiner

Wiederverkörperung ist ein Postulat der Liebe. Wer wirklich helfen will, wird nicht in einem Leben schon müde.

Michael Bauer

Der Tod ist doch etwas so Seltsames, daß man ihn, unerachtet aller Erfahrung, bei einem uns teuren Gegenstande nicht für möglich hält und er immer als etwas Unglaubliches und Unerwartetes eintritt. Es ist gewissermaßen eine Unmöglichkeit, die plötzlich zur Wirklichkeit wird. Und dieser Übergang aus einer uns bekannten Existenz in eine andere, von der wir auch gar nichts wissen, ist etwas so Gewaltsames, daß es für die Zurückbleibenden nicht ohne die tiefste Erschütterung abgeht.

Goethe

Das Verhalten der lebenden Menschen zu den gestorbenen ist ein schwerwiegendes geworden, und es erweist sich, um ein unübersehbares Unheil abzuwenden, als Kulturpflicht, sich darüber absolute Klarheit zu verschaffen.

Albert Steffen

CHOR DER TOTEN

Wir Toten, wir Toten sind größere Heere
Als ihr auf der Erde, als ihr auf dem Meere!
Wir pflügen das Feld mit geduldigen Taten,
Ihr schwinget die Sichel und schneidet die
Saaten,
Und was wir vollendet und was wir
begonnen,
Das füllt noch dort oben die rauschenden
Bronnen.
Und all unser Lieben und Hassen und
Hadern,
Das klopft noch dort oben in sterblichen
Adern,
Und was wir an gültigen Sätzen gefunden,
Dran bleibt aller irdische Wandel gebunden,
Und unsere Töne, Gebilde, Gedichte
Erkämpfen den Lorbeer im strahlenden
Lichte,

Wir suchen noch immer die menschlichen Ziele –
Drum ehret und opfert! Denn unser sind viele!

C. F. Meyer

Glücklich werden die sein, welche den Worten der Toten Gehör schenken.

Leonardo da Vinci

Eins ums andere schon schläft mir und fliehet dahin,
Doch, ihr Schlafenden, wacht am Herzen mir, in verwandter
Seele ruhet von euch mir das entfliehende Bild.
Und lebendiger lebt ihr dort, wo des göttlichen Geistes
Freude die Alternden all, alle die Toten verjüngt.

Hölderlin

Anhaltendes Forschen und Nachdenken hat bei mir nur dazu gedient, jene Überzeugungen zu bestätigen, daß der Tod, weit entfernt, die Persönlichkeit zu schwächen, sie vielmehr erhöht, indem er sie von so manchem Zufälligen befreit; daß Erinnerung ein viel zu schwacher Ausdruck ist für die Innigkeit des Bewußtseins, welches dem Abgeschiedenen vom vergangenen Leben und den Zurückgelassenen bleibt, daß wir im Innersten unseres Wesens mit Jenen vereinigt bleiben, da wir unserem besten Teile nach nichts anderes sind, als was sie auch sind – Geister; daß eine künftige Wiedervereinigung bei gleichgestimmten Seelen, die das Leben hindurch nur eine Liebe, einen Glauben, eine Hoffnung gehabt, zu den gewissesten Sachen gehört und namentlich von den Verheißungen des Christentums auch nicht eine unerfüllt bleiben wird, so schwer begreiflich sie auch einem mit bloßen abgezogenen Begriffen umgehenden Verstande sein mögen.

Täglich erkenne ich mehr, daß alles weit persönlicher und unendlich lebendiger zusammenhängt als wir uns vorzustellen vermögen. Könnte bei richtigem Fühlen und Denken zur Gewißheit jener Überzeugungen irgend etwas fehlen, so bedarf es nur des Todes einer innig geliebten, mit uns verbunden gewesenen Person, um sie zur höchsten Lebendigkeit zu erhöhen.

Schelling

Der Tod ist die uns abgekehrte, von uns unbeschienene Seite des Lebens: Wir müssen versuchen, das größeste Bewußtsein unseres Daseins zu leisten, das in beiden unabgegrenzten Bereichen zu Hause ist, aus beiden unerschöpflich genährt... Die wahre Lebensgestalt reicht durch beide Gebiete, das Blut des größesten Kreislaufs treibt durch beide: es gibt weder ein Diesseits noch ein

Jenseits, sondern die große Einheit, in der die uns übertreffenden Wesen, die »Engel«, zu Hause sind.

R. M. Rilke

Die Menschen hätten bei einiger Einfalt und Freude am Wirklichen nie auf den Gedanken kommen brauchen, daß sie das, womit sie sich wahrhaft verbanden, irgendwann wieder verlieren könnten: kein Sternbild steht so zusammen; nichts Getanes ist so unwiderruflich wie menschlicher Zusammenhang, der ja schon im Augenblick, wo er sichtbar sich schließt, stärker und gewaltiger im Unsichtbaren vor sich geht, im Tiefsten: dort, wo unser Dasein so dauernd ist wie Gold im Gestein; beständiger als ein Stern.

R. M. Rilke

Mir ist, als müßten die Menschen, die einmal ein Stück unseres Herzens gewonnen haben, unzertrennlich und ewig mit uns verbunden sein, als wären alle diese idealen Zusammenhänge von Seelen in einem überweltlichen Reiche zu einer weiten, freien, unvergänglichen Gemeinschaft vereinigt. Dort wandelten alle die, die je tiefste Freundschaft, tiefste Liebe erfuhren. Und jeder Seele Freund wäre auch aller andern dort wandelnden Seelen Freund, denn alle, die dort sind, haben auf Erden das gleiche Feuer erfahren, sie alle sind sich verwandt, sie alle begreifen und lieben sich. Und dort wären wir mit dem Geliebtesten aufs engste vereint wie nie auf Erden.

Max Reuschle

Wann kommt das große Wiedersehen der Geister? Denn einmal waren wir doch, wie ich glaube, alle beisammen.

Hölderlin

Im wahrsten Sinne des Wortes muß von einem Wiederfinden der Menschen nach dem Tode gesprochen werden.

Rudolf Steiner

Das, was hier geschieht durch Liebe, durch Freundschaft, inniges einander Verstehen, das sind Bausteine, die da oben in der geistigen Region Tempel bauen, und es muß für die Menschen, welche diese Gewißheit durchdringt, ein erhebendes Gefühl sein zu wissen, daß, wenn sie hier schon von Seele zu Seele Bande schlingen, das die Grundlage ist eines ewigen Werdens.

Rudolf Steiner

Wenn man die unlösbare innerste Geeintheit zwischen Liebe und Leben erkannt hat, so versteht man, warum die Liebe das einzige Band ist, das der Tod nicht verletzen kann. Das Leben nach dem Tode hat eine ganz andere Gestalt als das Leben diesseits des

Todes; aber es bleibt Leben und als solches im Bereich der Liebe.

Michael Bauer

Die Toten aus unserem Seelenkreise auszuschließen, bedeutet Verkümmerung des inneren Lebens. Mit ihnen im Bunde zu leben und zu wirken, ist Daseinserhöhung.

Rudolf Meyer

Der Tod eines heißgeliebten Menschen ist die eigentliche Weihe für die höhere Welt, das habe ich in der letzten Zeit aufs innigste empfunden. Man muß auf Erden etwas verlieren, damit man in jenen Sphären etwas zu suchen habe. In diesem Sinne darf man sagen: der Schmerz ist der größte Wohltäter, ja der wahre Schöpfer der Menschen.

Hebbel

GESANG DES TOTEN

Warum suchst du mich im Tale,
Der ich auf den Höhen weile?
Komm herauf, daß ich die Schale
Meines Lebens mit dir teile!

Ach, ich kann nicht weiterschweben
Zu des Sonnenthrones Stufen,
Wenn mich deiner Klage Beben
Wegverschüttend erdwärts rufen.

Doch es führt kein Steg hinunter,
Und so muß ich doppelt leiden.
Komm, vollbringe du das Wunder,
Mach uns frei für Geistesweiten!

Laß in liebendem Verzichte
Helfend uns zur Höhe bauen,
Daß, umströmt vom ewigen Lichte,
Gottes Strahlenaug' wir schauen.

Friedrich Doldinger

Die Toten wissen die besondren Zeichen:
Sie bleiben stumm für Seelen, die begehren,
Und stumm für Seelen, die noch nicht ver-
ehren – doch lassen sich die Toten gern erreichen, wenn man, befreit von aller Wünsche
Weben, nur kommt, um ihnen Lebensdank
zu geben.

Albrecht Haushofer

Schatten nahen leis
mir auf Ätherfüßen,
neigen sich und grüßen,
stellen sich im Kreis,

Und mein starres Herz
öffnet sich ganz leise,
spendet ihnen Speise,
glühet himmelwärts.

warten sehnsuchtsvoll
auf ein Liebeszeichen,
das in ihren Reichen
Nahrung werden soll.

O daß meine Liebe
leuchte mild und klar
und die heil'ge Schar
nicht durch Wünsche
trübe.

Ida Rüchardt

Wir erleichtern dem Toten ungeheuer sein Leben nach dem Tode, wenn wir es zuwege bringen, wirklich uns in unser Schicksal zu fügen und an den Toten so zu denken, daß wir wissen: die waltende Weisheit der Welt hat ihn uns in der rechten Stunde nehmen wollen, weil sie ihn auf andern Gebieten des Daseins braucht.

Unendliches Glück würde über Lebende und Tote kommen, wenn dieses einziehen würde als eine Gesinnung in die Seelen der Menschen, und wenn die Menschenseele an die Toten wie als an Lebende denken könnte, an ihre Verwandlung des Lebens denken könnte und nicht daran, daß sie ihr genommen worden sind.

Rudolf Steiner

Es kann die Seele eines Verstorbenen genau so in uns sein, wie die Seele des ungeborenen Kindes in der Mutter ist. Der Mensch, der eben gestorben ist, möchte ein Same sein. Er möchte, daß aus seinem Tode etwas geboren werde. Es sollen Taten von uns getan werden, die wir allein nicht tun könnten, wenn wir nicht Helfer in der geistigen Welt hätten durch unsere Verstorbenen.

Emil Bock

Welch ein Flüstern in den Lüften,
Welch ein Drängen aus der Erde!
Und wir trauern an den Grüften,
Und wir kauern uns am Herde!

Was für Worte wollen flammen
Aus dem Munde, aus dem Geiste!
Und wir jammern noch mitsammen,
Und wir jammern als Verwaiste!

Rudolf Treichler

Ich reife in den Tod hinein
Wie Wein in lichtes Jahr –
Es überströmt mich höchster Schein,
Glanz von Mariens Haar.

Nun bin ich ohne Furcht und groß,
Ich sehe ewigen Raum –
Die Seele wandelt sich im Schoß
Des Gottes Traum um Traum.

Max Reuschle

Ein gestorbener Mensch ist ein in absoluten
Geheimnisstand erhobener Mensch.

Novalis

Nur vom Tode her (– wenn man ihn nicht als
ein Abgestorbensein gelten läßt, sondern
ihn vermutet als die uns durchaus übertref-
fende Intensität –) nur vom Tode her, mein'
ich, läßt sich der Liebe gerecht werden. Aber
auch da ist uns überall die übliche Auffas-
sung dieser Größen beirrend im Wege.

R. M. Rilke

Kein Mensch erscheint in seinem Leben ganz als der er ist. Nach dem Tode ist er bloß noch er selbst.

Der Tod ist die Befreiung der inneren Lebensgestalt von der äußern, die sie unterdrückt hält.

Schelling

Jeder Mensch kann seinen jüngsten Tag durch Sittlichkeit herbeirufen. Unter uns währt das tausendjährige Reich beständig. Die Besten unter uns, die schon bei ihren Lebzeiten zur Geisterwelt gelangten, sterben nur scheinbar.
Wer hier nicht zur Vollendung gelangt, gelangt vielleicht drüben – oder muß eine abermalige irdische Laufbahn beginnen.

Novalis

Vorwegnehmen, was der Tod bringt,
führt zum Leben.

Albert Steffen

Die echten Philosophen üben sich im Sterben und nichts fürchten sie weniger als den
Tod.

Platon

Sterben lern auch du und dich ergeben,
Sterbenkönnen ist ein heiliges Wissen.
Sei bereit zum Tod -/ und hingerissen
Wirst du eingehn zu erhöhtem Leben!

Hermann Hesse

Mensch, werde wesentlich,
    Denn wann die Welt vergeht,
So fällt der Zufall weg,
    Das Wesen, das besteht.

Angelus Silesius

Das Sterbliche dröhnt in seinen Grundfesten,
aber das Unsterbliche fängt heller zu leuch-
ten an und erkennt sich selbst.

Novalis

Die Erde selbst wird nicht mehr sein, wenn du noch sein wirst und in anderen Wohnplätzen und Organisationen Gott und seine Schöpfung genießest. Du hast auf ihr viel Gutes genossen. Du gelangtest auf ihr zu der Organisation, in der du als ein Sohn des Himmels um dich her und über dich schauen lerntest. Suche sie also vergnügt zu verlassen und segne ihr als der Aue nach, wo du als ein Kind der Unsterblichkeit spieltest, und als der Schule nach, wo du durch Leid und Freude zum Mannesalter erzogen wurdest. Du hast weiter kein Anrecht an sie; sie hat kein Anrecht an dich; mit dem Hut der Freiheit gekrönt und mit dem Gurt des Himmels gegürtet, setze fröhlich deinen Wanderstab weiter.

Herder

Es gibt kein Ende,
Nur glühendes Dienen.
Zerfallend senden
Wir Strahlen aus.

Carossa

Getrost, das Leben schreitet
Zum ew'gen Leben hin;
Von innrer Glut geweitet,
Verklärt sich unser Sinn.
Die Sternwelt wird zerfließen
zum goldnen Lebenswein,
Wir werden sie genießen
Und lichte Sterne sein.

Novalis